Förberedelse för brutalt uppvaknande

Paul Wahlström

© Paul Wahlström, 2022
Omslagsillustration: Sofia Bennrup
Förlag: BoD - Books on Demand, Stockholm, Sverige
Tryck: BoD - Books on Demand, Norderstedt, Tyskland
ISBN: 978-91-8007-959-4

Du visste inte vad du skulle ta dig för, så du satte dig ner och började på en berättelse, fördrev tiden med att foga händelse till händelse på pappret. Du filade och slipade tills karaktären kändes levande och historien sannolik, då var du klar. Sen läste du igenom alltsammans en sista gång, medveten om att inget av vad du skrivit hänt i verkligheten, att du bara hade tänkt ut det för dig själv, och kanske velat det. Men när det händer, och det kommer det att göra – för allting händer till slut – då kommer man kanske att känna igen händelserna på din beskrivning. Man kommer att erinra sig var man läste det och ivrigt bläddra fram stället, skumma igenom orden med ett igenkännande och möjligen lättat leende. Och man kommer att veta vad man ska göra. Man kommer att veta vad man ska säga...

Byn var liten, husen få.

Vinden från slätten lät sig inte hejdas av
husen.

I de små trädgårdarna grodde saker som ingen
planterat där.

Och rosorna man väntade på fick man en dag
se växa borta vid åkerkanten.

Vinden suddade ut alla gränser,

ingenting tycktes hålla sig till sin tilldelade
plats.

Inte ens namnen fäste ordentligt.

Det första och det sista huset i byn kallades av
alla fören och aktern.

Deras verkliga namn, om de nånsin haft
några, kunde ingen erinra sig.

Du bodde i aktern.

Därifrån såg du sandvirvlarna på den enda
vägen,

den vattrade ytan på dammarna,

den böljande rörelsen genom kornfältet.

Vinden.

Varför kurade du där, som en igelkott i en
hopblåst lövhög?

Svaren flyttade om i ditt huvud som dammet
på vägen.

Kanske var det något du behövde minnas?

Kanske var det något som vinden hjälpte dig
att glömma?

Det är två svar. Ett annat är att du skrev en
dikt.

Oftast nöjde du dig med det svaret.

Och dina grannar var försynta människor, de
envisades inte med att det skulle finnas mer.

—

Men sedan en tid var det andra grannar, andra
människor.

De du känt hade flyttat, eller förändrats.

De hade blivit som för varje år allt sällsyntare
fåglar.

Och efter att ha levat så länge på platsen var
du på nytt en nykomling,

med en kyla i kroppen av att ingen längre
tänkte på dig.

Omärkligt som en måne som drog i ditt hår
och sedan slutade,

för att den inte fanns mer, och kanske aldrig
hade funnits,

gled du in i den sista ensamheten.

—

Så länge det funnits andra som hållit det
försvunna vid liv, kunde du sluppit,

behövde du inte ställa dig mellan förflutna
solar och mörkret.

Men det fanns ingen tid kvar att göra saker på
ett nytt sätt.

Sedan dina lugna och sorgsna människor
lämnat dig måste du hålla kvar allt själv,

ta över sysslan att slå pålar i marken för att
hejda sandens migration.

Men var det verkligen din plikt?

Måste det vara du som kände efter under de
hala, slemmiga stenarna,

medan huden domnade och skräcken för
dolda tänder växte?

Måste också du få en bister och sammanbiten
min?

Vad är man skyldig ett minne eller ett namn
man hört,

vad har döden för hållhake på en?
Du visste inte, vet någon?

—

Du gick redan runt i rummen som en
obehörig,

som om andra bara bett dig se om huset
medan de var borta,

att flytta om saker emellanåt så det såg ut som
om någon var hemma,

vrida på en vas, vinkla persiennerna, hänga en
tidning över en stolsrygg.

Du var där för att få det att se ut som om
någon var där,

desto mer ogripbar ju mer du vårdade dig om
dina fotspårs tydlighet.

—

Som om barn sov i rummen smög du i ett hus
skuggat av ett större hus.

Och med tiden märkte du att allt du valde att
älska lät sig älskas tyst...

Du insåg att du inte var så ung längre och att
det var tomt i ditt bröst,

när våren påminde om andra vårar var det
redan höst.

—

Du bodde ensam i huset.

Du reste aldrig långt, det du hade sett hade du sett ofta.

Där skrev du på din dikt, fortfarande samma dikt.

Det var det enda du var hemma i, så den blev aldrig färdig.

Under tiden samlade sig i väggarna en diskret smärta, den beska delen av alla halva leenden.

Det var där du skulle leva med tömmarna kring ett orubbligt block,

och det var där du skulle tystna, som man tystnar,

när larvdelen av fjärilen börjar gnaga på vingarna.

—

Inget hände och gav avtryck i ansiktet...

Det mest omvälvande skulle visa sig vara den
där långa tiden, ensam i huset, när inget
någonsin hände.

Allt du behövde var att vänta.

Allt du kunde var att vänta.

Du väntade,

det som kanske skulle hända en dag var det
enda som hände, någonsin.

—

Det här var platsen: ett köksbord.

Ett fönster med en vit ram, missfärgad kring
haken av alla öppnanden och stänganden.

Du satt vid köksfönstret.

Du gjorde något, lät moln passera,

och du var ensam, så du slapp kalla det
ingenting.

Det vita samlade sig i dina ögon som en
långsamt formad mening.

Det skulle visa sig vad du fick för din tid...

—

Vad hörde du? Ingenting.

Ett papper rasslade på marken, vinden i
sprickorna. Ingenting.

Droppet från kranen, din hand som slätade
bordsytan, en fågel som klarade strupen.

Ingenting. Fortfarande ingenting.

Och så, äntligen, knarret av stövlar och fraset
av kläder, en människa! Du lyfte blicken, en
människa.

Där tidigare inget funnits fanns nu något. Där
nyss inget hörts hördes nu tydligt,

ljudet av din ökade puls, trumman som kallade
dig iväg,

Du människa bland människor!

—

Samtalen som slutat i tigande kom tillrätta där
i tystnaden.

Du märkte att tystnaden andats åt dig, levt ditt
liv.

Hela tiden hittade du i tystnaden fler munnar
att sluta.

Men i din ensamhet önskade du dig ändå mer
ensamhet,

att också de små ljuden skulle sluta höras,

dropparna mot fönsterblecket, pulsslagen i
bröstet,

17

för att slippa vända dig mot dem jämt och
vänta på mer...

—

Det fanns så mycket i tystnaderna, och du
kunde inte hålla allt i huvudet.

För att kunna lyssna bättre stängde du
dörrarna till alltfler rum, stängde av värmen
och lät kylan ta över.

Rummen hörde fortfarande till huset, men du
undvek dem som något utifrån,

något som hotade det här sista rummet du
kurade i och inbillade dig att du inte redan
intagits.

—

Medan du satt vid bordet alstrade dina armars
värme små vårar under sig.

Blåklockor slog ut längs deras konturlinjer.

Men varje gång du flyttade armarna var
bordsskivan kall igen,

som för att visa att det obebodda förr eller
senare blir en del av utsidan,

att det som är utanför alltid hittar in om ingen
är där för att se.

Det raserar vad man format med sin närvaro
och visar att ingenting varar, att vi tappar
mark ständigt.

—

Inget blir kvar utom tyngden.

Och det visade sig att också himlar, och blått,
har tyngd.

Du såg ögon som inte längre kunde bära sitt
blåa,

du såg blått som skiftade i grått.

Hösten var kall och grå, men ljuset var milt
för ögonen.

Och inlåsta i skåpen, som dyra glas ingen får
dricka ur, stod några minnen.

Du hade stängt dig inne för att bryta dig ut ur
ditt bröst,

visa ögonblicken hur man väger jämt med det
eviga.

Kanske.

—

Det hade funnits ögonblick,

en kyss, en stunds fulländning,

men,

du fortsatte att leva…

Och det som aldrig riktigt tagit form blev till
då som något förlorat.

Att det alltid varit meningen, tills det aldrig
varit meningen, var det som gjorde ont.

Du hade tagit miste.

Ändå hade det varit så, ett ögonblick innan
det inte längre var så.

—

De du älskat hade tagit med sig din plats i
världen när de gått.

och lämnat dig i ett mellanrum som inte vuxit
till glömska än

och som därför måste betyda något.

Alla de vanliga sakerna, du räknade upp dem.

Och de brände på tungan för att bara du såg
dem.

För att någon inte längre var där blev de till
dikt igen.

—

På morgonen hade en okänd kvinna lagt
handen på din arm.

Du kunde fortfarande se spår av beröringen i
dina äldsta minnen...

Små gester från kvinnor mindes du som andra
minns resor.

En blick någonstans ifrån kom och gick hela
dagen som en fjäril i ditt huvud.

Ensam vid bordet diktade du
komplimanger...

—

Det var inte mycket kvar: ett eller två leenden
från främmande kvinnor,

en eller två gånger att bli trodd på ditt ord för
din klara blicks skull.

Det kom en månad med bara morgnar då du
längtade till kvällen.

Det kom en månad med bara kvällar då du
önskade att du var död.

En lång, regnig höst,

det dämpade underjordiska vrålet från fröna i
sina tvångströjor,

hur du vände dig om i ditt rum som om ljudet
kom någon annanstans ifrån,

som om det inte kom från dig själv.

Fanns det en tanke att vila i, undrade du, en
vrå av minnet där du vågade dö?

—

På nytt kände du kölden från bordsskivan leta
sig uppför dina armar, slå ut i bröstet som en
förlamande isblomma.

Och du väntade med stigande rädsla på att
blodet skulle jämna ut, att värmen skulle
återvinna förlorad mark.

Döden, tänkte du.

Det här är döden, röster i vinden som inte är
fåglar.

Hela livet är ett enda steg, foten sänks ner,
lyfts bort. Här är spåret.

Och det fortsätter inte.

Om natten drömde du om hela ångesten inför
din omedelbart förestående död.

Du skulle dö inom några sekunder.

Hjärtat hade stannat, stängts ner.

Du hörde det surra och sakta av i ditt bröst
och dina ådror.

Paniken, förvirringen, ångern, ett halvt

accepterande, rädslan, klentrogenheten,

ett vansinnigt försök att sammanfatta, att ställa

upp trupperna i rätt ordning,

allt var där och blandades om vartannat.

Det gjorde dig inget att dö, sa du dig, men inte

om natten,

inte i mörkret när du inte kunde se.

Du ville vänta tills det blev ljust innan du

vågade släppa taget,

tills det blivit ljust nog att lyssna efter ljud.

Men när det blev ljust ville du leva, så du

släppte ändå inte taget.

Och din skuld växte.

Det finns sådana löften åt ingen, gjorda av

skräck och sammanbiten vilja,

som fortsätter att betyda något sedan natten
passerat.

—

Du vaknade av drömmar mitt i natten.

Du visste var du var, det var mörkt. Du
befann dig i mörkret.

Dina händer gled över en slät yta, natten.

Du kramade en svart sten i handen. Natten.

Allt låg spritt som legat hårt surrat, och
uppgivet började du sortera igen,

frågorna där, svaren här...

Av inget särskilt skäl höll du dig vaken ända
till morgonen,

som om du skulle haft mer rätt till ljuset om
du väntat på det.

Men på morgonen var det som om något mer
kunde ha sagts.

Som när man tappar en massa lösa blad i
vinden,

hur man ger dem förlorade men gör en ansats
att jaga efter dem i alla fall,

ger upp igen.

—

Du kunde alla vägar omkring ditt hus, alla
platser på din kropp, alla saker människor
säger till varandra.

Det fanns ingenting kvar.

Så här års väckte dig ljuset bara så du kunde se
det försvinna i dagens långa halvdunkel.

Hundratals likadana uppvaknanden.

Du bläddrade genom en bok med tomma vita
sidor.

Ljuset mörknade på sidorna, det var hela
handlingen.

Och du var bara känslan du kände när du
tänkte på dig själv.

Inget mer.

Ett fragment. Hur,

hur gör man färdigt det som hunnit gråna
som fragment?

—

Du såg dig omkring efter det axiom utan
vilket resten av dig skulle falla samman.

Omkring tillvaron lindade du stora gester,

som om du beskrev den med teckenspråk,

eller besvärjde den med handrörelser.

Du kände alla omvägar.

Hinner jag verkligen säga allt jag vill säga,
tänkte du.

Du föreställde dig att det tar lång tid att säga
saker.

—

Du sammanfattade:

universum hade böjts om sig självt och mötts i
en punkt,

du hade blivit till, det hade varit den lätta
delen.

Nu skulle du lära dig att försvinna,

som en sandkaka som inte genast minns hur
man faller samman.

Men så en ovårdad fras, en första osanning, en
dikt...

—

Platsen där du bodde var lika undflyende som du, särskilt om natten:

en anad ljusstrimma, en smal rottråd ur cortex,

en klunga av glittrigt ljus på avstånd, något som såg ut som en by.

De första husen låg glest, och du fortsatte förbi dem ett efter ett,

letade efter tyngdpunkten, den gräns som sa att nu var du inuti någonting.

Men snart hade du passerat ljusen, och till slut på avstånd ett sista ljus,

och så rörde du dig i natten igen, mitt ute på landsbygden.

Och bakom dig, en klunga av ljus, något som liknade en by...

—

Det var någonting här du skulle ta reda på.

Tänka en tanke som inte suddades ut av nästa,
utan stannade hos dig som en värmande glöd
bakom pannan.

Det var för den din kropp hölls vid liv.

Du fanns till för att avstå från att leva, prova
detta extravaganta slöseri!

Du hade något att säga, men fick det inte ur
dig.

Ditt sällskap hade dröjt en stund och sedan
gått medan du väntat på orden.

Du satt vid ditt köksbord och väntade.

Om du såg bort skulle du förlora orden ur
sikte.

Du väntade länge, och fortfarande närmade
de sig.

Skulle de någonsin komma närmare än just
utom räckhåll?

Du hade en sak att säga, en enkel tanke,

en dum planets enda måne.

Det slocknade nära munnen som i vind eller
stora avstånd,

något som varit med dig länge och som ville
ge upp och bli till,

bli ord, luft,

en kristall vit som brusande vatten,

som vatten skulle se ut om det kunnat hejdas i
sin rörelse

och packas i små nätta askar,

som välljudande toner.

—

Du var ingenstans,

så långt från allt att benen i din kropp ekade.

Och du trodde att du hörde någonting men
det var inuti dig,

resonansen från tomma kotor.

Det är lätt (är det så lätt?)

att ta fel på ingenting och musik...

—

Du tyckte inte om hur vind blev röst, som om
någon satt en flöjt mot tomheten.

Du föredrog vindar som inte betydde något,
tysta och milsvida,

framför toner, pipsmala, gälla och skillrande
av känsla.

Det hade aldrig varit dina känslor.

Men var det rätt väg, att sluta lyssna på musik

för att få veta vad du egentligen kände?

Det gjorde dig främmande

för de som aldrig lyssnat på tystnaden, som
aldrig hört sig själva.

Ditt eget läte visade sig vara trevande och
hest,

ett försiktigt bytesdjur som ovant ropar efter
andra levande varelser.

Hur skulle du någonsin kunna, med en sådan
röst,

vad du än blottade,

göra en verklig bekännelse?

—

Du fanns alltid kvar bakom det du blottade.

Du tömde dig och var tom.

Och ur tomheten öste du sen.

Ända till sista ögonblicket innan du krossades
skulle du känna att du var på väg att lyfta,

lättare och lättare.

—

Somliga tankar blev aldrig uttalade.

De trängde sig i stället ut som förhårdnader i
pannan, som horn.

Och ur din mun kom bara ett frustrerat bröl.

Du ville öppna din egen kropp med de där
hornen, men nådde inte.

Du gallopperade skenande genom rummen,

kastade hjälplöst med huvudet i förtvivlade
försök att säga någonting.

Du skrev en dikt vid köksbordet, slet ditt hår,

såg ut på det tröstlösa vädret, strök ett ord, la
till ett annat,

och försökte, försökte desperat att förundras.

—

Det enda du kunde göra var att säga något
vackert då och då

för att hålla öppet en dörr som ständigt ville
sluta sig.

Du smekte ditt hår, de döda, svarta stråna,

som om du eftersinnade vad du redan hade i
skugga...

Och log,

av denna skugga som ingenting skuggade,

av dessa ord som var vackra och därför inte
handlade om döden.

—

Något rörde alltid vid dig.

En dag kanske du skulle få känna händer du
inte märkt av lyftas bort från dig,

en sval inandning, en början.

Tills dess var du en liten sak som andades
inuti en stor lunga,

tills dess spelade du samma stycken på pianot
och upprepade samma historier.

Vem vet hur man vårdar en frånvaro?

Du satt i ditt hus och väntade, du kallade det
väntan för att inte kalla det tomhet,

en liten dunboll insydd i bröstet,

någonting lättare än luft som böjde hela
verkligheten mot sig

och slog in en kil mellan tiden inuti och tiden
utanför.

Ibland pratade du högt för att trösta den, som om den var någonting svagt, som om den var en del av dig.

Du nynnade för dig själv i rummet.

Din hand lyftes och sänktes, en smeksam gest för allt hos dig som du inte nådde.

—

Du märkte att det redan blivit kväll,

och du såg dig omkring på allt det gamla och vanda, för att se om det inte denna gång skulle ge dig en ledtråd.

Nej.

Men en dag, inbillade du dig, skulle du hitta de rätta orden.

Och de skulle komma att förvandla allting.

För ord är magiska, det måste de vara, det var
bara i dem du levde nu,

det var bara genom dem du kunde känna
något.

Poesin, lika ogripbar som vinden därute, var
din enda fasta punkt.

Du tog ditt namn efter något du bara kunde
göra ibland,

utan att veta hur du gjorde det, och utan att
vara säker på om du någonsin kunde göra det
igen.

Tidvis var det svårt att hålla samman ditt
ansikte länge nog för att bli sedd.

Men magi är att framkalla rus i ett slitet sinne.

Och varje dag gjorde du det bara en aning, för
att leva,

i väntan på det ögonblick då du kunde ställa
din tomhet

någonstans i mitten av något,

där den skulle hålla allting samman, en helt ny
värld.

Och om man kan leva för ett eko var det för
detta eko du levde.

Och för detta enda eko: alla stjärnor, all
materia!

Du formade i tysthet, samlade tålmodigt ljus
till en början.

Och det skulle ha varit värt det. Alltsammans
skulle ha varit meningen.

Där, när tankarna äntligen kommer till vila, i
den absoluta mittpunkten, skulle du uttala
orden.

Vilka ord? Det spelade ingen roll.

Men rösten!

—

Rösten formades i din mun som en ljummen klunk,

en munfull vatten som bar dig över vattnen,
när du lämnade de grunda vikarnas värme.

Men snart fanns den kalla oceanen mellan dig
och land och det var försent att vända om.

Rösten torkade i din mun och du hade inte
funnit någonting,

för det fanns inget därute.

Men du hade åtminstone gett dig av, det hade
du!

Du hade försökt, och det gav dig ett visst
skimmer.

Det är inte i alla slocknade leenden man ser
Nya Världar försvinna.

—

Du satt nu böjd över lite aska på köksbordet,
som du petade i med fingret,

som om du förberedde en stor gest,

la tillrätta alla veck inuti en knopp som skulle
blomma under ett enda vackert ögonblick,

innan din hand föll tillbaka i askan där du
rörde om på nytt,

i resterna av kärlekar och bekännelser.

Samma aska allt. Det görs ingen skillnad på
mer eller mindre aska.

Askan – inuti ser den annorlunda ut,
människor, städer.

Du petade i den med ett sotigt finger utan att längre nå in.

Bland det brända hittade du askan av en träskål, askan av ett linneskåp.

Du snuddade sönder vad som varit,

plockade upp något som nästan inte fanns kvar,

en silhuett som föll samman i dina händer,

utan att du noga räknat hade någon del i förstörelsen.

Den vittrade bort som en smärta du tagit så för given att när den upphörde det blev en ny förlust.

Döden, tänkte du, skulle vara som att andas, dra in det genomsynliga i mörkret...

I askan finns ingenting av det vi begraver djupast.

Den är ingenting, men den är vi. Den är vi
men den är ingenting.

Kanske är det därför man sprider ut askan,

i en gest som gör den betydelsefull genom att
göra den osynlig.

—

Vad var smärta?

Den började som en olust, en blå
missfärgning på ytan,

som att lägga fingret på din hud och känna en
stenskiva undertill.

Ett oformligt huvud, grovt modellerat,
buktade fram och sjönk undan,

innan det antog tydligare drag och började
öppna ögonen.

Ansiktet fick skarpa linjer, ögonen såg på dig.

Du sänkte blicken inför de stirrande ögonen
som nu brände i din hud och ville tvinga dig
att se.

Men du dolde ditt ansikte.

Du var rädd när ögonen sökte dig, förskräckt
när de fästes på dig, men lugnare ju längre de
såg på dig.

Du öppnade ditt bröst för ögonen, inrättade
en plats bland de övriga inälvorna för
smärtan.

Men lika mycket som en famn är otillräcklig
för en himmel kunde du sluta dig om den.

Och plötsligt sprack ögat från pol till pol.

Ögonlocket försökte sluta sig över sprickan.

När ögonen till slut slöts fortsatte de till din
förvåning att slutas, de blev rynkiga navlar av
hud,

de försvann i ansiktet som sedan slätades ut.

Ansiktet blev otydligare i konturerna, sjönk
tillbaka.

Du fann dig titta på en tom, slät yta.

Det fanns inget där längre för blicken att vika
undan för.

Så du såg bort.

—

Blicken gled över väggarna i rummet.

De var slitna.

Men det var ingen som hade gjort det, som i
ett utfall av förtvivlan och missmod huggit
och klöst med palettkniv och naglar.

Det hade bara blivit så med tiden.

Med tiden är det samma sak om man är
vårdslös eller samvetsgrann.

Sprickan som lagas i förbigående, skulle
efterhand ha underminerat hela huset.

Det var som att styra en enorm farkost med
ena handen tankspritt vid rodret!

Du kände dem intimt, väggarna.

Deras bördigt gråbruna färg liknade det man
får när man blandar alla kulörer på paletten.

Dessutom hade färgen spruckit upp i
förfärliga rynkor, otydbara nu,

som om de ringlat sig hit från ett mycket
avlägset ansikte...

Tonen är allt i tal genom väggar.

Det är till tonen djuren lystrar och det var så
du skulle förstå.

Du höll ut handen mot de mumlande ljuden i
en vädjande gest, smekte den sträva väggen,

blev vad du formade medan du kände efter
vad du var.

Du måste skärpa din hörsel för att urskilja
nyanserna.

Och allt tecknade du ner i häften, fyllde i de
vita fläckarna på kartan med grått,

i en bedövande plikt som ingen ålagt dig.

Ofta gav du upp, innan du blev uppslukad
igen av en detalj som du missat.

Och du ordnade om på nytt, ordnade
annorlunda.

Det enda sättet du visste att utplåna dina
fotspår var att trampa sönder dem.

Men rösterna blev svagare.

Du tryckte örat mot väggen, mot punkten där
väggen var som tunnast,

punkten längst bort från dem.

Skulle du vänta där och tyda mumlet, eller ta den längre vägen runt för att vinna ett tal utan omvägar?

Det var svårt att slita sig.

Labyrinter är byggda för att vara ogenomträngliga,

men de är också öppna åt alla håll och låter röster färdas längre än avsett.

De nådde dig om och om igen, som vissa envisa tankar,

glimtar som skulle varit dina om du väntat på dem,

rika ögonblick som hade vecklat ut sig om du bara dessförinnan betalat din tribut av stillhet.

Så du höll dig stilla och försökte urskilja ljuden.

Nästan röster. Nästan svar.

I dessa rum, skrev du, släpptes aldrig någon in
förrän varje punkt på dess väggar hade
prövats som flyktväg av någon vild best.

Du fostrades där i din ensamhet som orden
fostrar den som uttalar dem, omärkligt och
grundligt.

Det fanns ingen väg ut ur detta,

för om du någonsin växt dig stark nog att slå
ut dörren, hade du blivit för stor för ramen.

Fällan var konstruerad så.

Och medan du satt där kunde du knappt
längre föreställa dig vad som hade krävts för
att slå ut fönstren.

De bräckliga fönstren.

—

Varje dag högg du dig igenom väggen och fick
loss stoff nog att färdigställa den.

Du tog från det egna för att timra din bild.

Skapelse är förintelse, tusen sandslott för en
vittrad borg.

Du såg din spegelbild i världen och kalkerade
den på glaset så gott det gick.

Med ett läppstift, en penna, blod.

—

Du ville ge dig av,

men det orubbliga huset visade sig alltid
utomhus, i blåsten, vara ett bräckligt ruckel,

och en begynnande säkerhet, ett beslut som
nästan fattats mellan dörr och karm,

skingrades igen.

Du stod vid tröskeln och tvekade.

Tankar kom lika slumpvis som håret fick
knutar.

I rummet sattes strängarna på ett instrument i
svagt vibrato,

men överröstades samtidigt av samma vinande
drag.

Det blev plötsligt tyst i rummet när dörren
blåste igen.

Rutorna dallrade.

De få kvarvarande blommorna i krukorna
hukade med bladen i fickorna.

Du satte dig återigen vid bordet.

Flugorna kom envist tillbaka till kökslampan
medan de letade efter det öppna fönstret...

Du kunde tänka dig att stanna där ännu en
stund och se dem cirkla,

om du fick sitta ostörd och längta därifrån.

—

En gammal väntan är sin egen ankomst.

Du bodde så småningom in dig, som ett nytt
föremål hamnar än här än där,

och när det inte längre står i vägen har det
hamnat på sin rätta plats.

Jo, du fann dig tillrätta, ändå väntade du
fortfarande,

medan du intalade dig att de obeslutsamma
måste vara gjorda för evigheten.

Du tröstade dig med att din sort, de ensamma
och barnlösa, aldrig skulle försvinna från
världen,

att dina arvingar var oräkneliga...

—

Du var på god väg att bli poet,

någon som kan bli mållös av en fråga när han
kliver över en tröskel.

I de nedre skikten där man tvingas svara
mumlande

sorterade du tunna hårstrån och gav upp
förtvivlad med för stora fingrar.

Du ville nå det handen omslöt när den
greppade om ingenting.

Är det fegt att inför något så svårt önska att
det var omöjligt?

—

Du hade varit ensam länge när du en dag
kände dig vidöppen.

Solen lyste genom dina smala fingrar, dina
fingrar var röda.

Din mun var en nystas ände till allt du
någonsin mumlat för dig själv.

I det vilande ekot i en gränd undrade du om
du talat högt...

Du tyckte dig vara genomskinlig, som om du
inte kunde yttra ett ord utan att röja dig, att
allt du var fanns i rösten.

Ändå var du inte där längre, redan gällde
gamla förtroenden någon annan.

Du förlorade din sockel och samlade dig kring
ditt centrum, som då visade sig vara något
annat.

—

Du var ihålig och därför rädd för ekot, att du
skulle tala bredvid mun som de sömnlösa gör,

så dina läppar var hårda streck. Din hand gick
till munnen för att känna så den inte rörde sig.

När du väl talade var rösten grund och
avlägsen, mest andedräkt.

De långa vokalerna närmade sig sång utan att
någonsin riktigt bli sång,

så som linjer djupnar utan att det ännu kallas
åldrande.

Du kunde aldrig dra dig undan, att tänka var
att ta betäckning i ett pappershus.

Du svarade men utan att egentligen delta och
liknade så det eko som skrämde dig.

Och om slutet hade kommit då skulle det ha
känts som att du dött en annans död, utan att
någonsin ha varit dig själv.

Och det var inte fel, även om du trodde dig ha
saker som måste hållas hemliga.

Du lyckades aldrig vara helt tom.

—

Något mer än dig skulle alltid rymmas i dig,
förtvivlan, en smärta utan mittpunkt.

Man kan lämna öppningar i världen precis
stora nog åt det som inte finns,

antyda en silhuett och sen försvinna,

ta ett långt steg från sanden till fast mark och
smyga sig bort utan att rubba något mer,

men lämna kvar en skugga, nästan lika verklig
som något försvunnet...

Du levde, men vad betydde det att leva?

Ditt avtryck i världen skulle bli mindre än de
uppdiktade gudarnas!

—

De gamla gudarna fanns inte.

I deras ställe återstod känslorna de hade stått
för,

kärleken för kärleksgudinnan, hatet för krigets gud...

Inlemmandet av dem alla var slutpunkten.

Men dittills hade många gjort halt vid den Ende guden.

Vem var han?

Vilken var den enda känsla man ännu inte vågade hysa inom sig?

—

Bara detta. Någonting intill ingenting litet.

Så tunt att det inte syntes, så oöverskådligt brett.

Liv.

Du levde. Allt annat var betydelselöst.

Ingenting berörde dig utom denna
komplicerade melodi som du aldrig kunde
hålla kvar i tanken

och som genom de stora maskorna – nästan
ett tomrum

antydde det fruktansvärda du måste ha varit
gjord att fånga.

—

Men så mycket för att bara leva, tänkte du.

Nästan allt, nästan till himlen,

vattenkolonnen i trädet som nuddar vid
tillväxtpunkten med en droppe.

Och ändå var droppen, stunden när du
trevade och inte visste,

dikten du skrev när du kunde...

—

Ingen hade lovat det som lovades,

det som svävade fritt i luften bundet i dina
ben.

Du andades djupt som om du lovats mer,

en betingad organism som när den rör sig
verkar röra sig mer mot ett infriande.

Du skulle ha velat hinna med någonting,
något som ditt livs slut kunnat vara slutet på,

men du skulle aldrig samla dig till något.

Större och allt tommare var platsen du berett
åt en fullbordan.

—

Du var fri att gå vart du ville, du svarade inte
inför någon.

Och du menade att det var en bra sak.

Men du sa det på ett visst sätt, som en frihet
du suckade fram.

För vart skulle du gå?

Hade det inte varit bättre att bindas av ett
obetvingligt tema,

ett ohejdbart skratt?

Du visste att om du någonsin lämnade
dammet härnere för att lära dig flyga, skulle
du gärna låta dig flygas.

Om du bara kunde flyga, skulle det inte längre
spela någon roll varthän.

—

Du satt vid ditt fönster och tittade ut.

Du beundrade förmågan att kunna uppskatta
en mängd i en enda blick, att bedöma avstånd.

En fågelflock bringade dig nästan ur
fattningen.

Din vingbredd var större än du själv, det var
det tomrum du gav ditt namn,

ett par osynliga vingar som lämnade dig kvar i
en liten by med fler döda än levande,

vid ett köksbord där du fortsatte att be om
mer tid åt nya vädjanden om mer tid.

—

Och inget hände någonsin.

Dagarna blev inte förflutna, alltför mycket tid
trängdes i samma ögonblick.

Och inget började i kontakten med din hand.

Trots att väggarna var sållade med dina
handavtryck blev livet inte mera ditt.

Du ägde tio föremål som du sett tiotusen
gånger.

Det var så du visste saker utan att kunna sätta
ord på dem,

det var så du var hemma i världen utan att ha
en aning om den.

—

Du såg dig omkring. Dina saker. Det du skulle
lämna kvar.

Det du föst ihop för att hålla samman:

blad ordnade i högar, askar lagda i större
askar,

några få snörräta rader i kanten till ett
vidsträckt kaos...

—

Ibland plockade du upp ett föremål, bara för
att känna på dess vikt en stund,

innan du ställde tillbaka det, som ett ankare.

Vad av allt detta harmlösa skulle med tyngden
hos en omväg krossa dig?

Ett hem består av saker som bara dagarnas
gång jämkar samman.

Alla nya föremål drar åt sig blickarna i början
och flyttas runt utan att man hittar en bra
plats.

Och det är först när man glömt bort dem som
de verkar höra samman med rummet…

Också bedrövelserna flyter ihop med tiden,
det var så du glömde dem.

De samlades till en svart ridå och vad
hindrade egentligen att du nu förde den åt
sidan?

—

En dag, inte än, skulle du sluta hålla tätt,

skulle du bränna dina gömmor och stå fri från
allt du sparat åt en annan dag.

Din största fruktan var att dö med vrål kvar,
torr i munnen, med tungan klibbande mot
gomseglet, spottet ett segt vitt skum.

Men du gjorde ingenting. Ingenting hände.

Som om elden och vattnet tog ut varandra,
som om fruktan och längtan upptog samma
plats.

En dag, sa du dig, men inte än.

—

Hem.

Du tänkte inte på något särskilt mönster när
du sa ordet,

ändå bildade varje rispa och reva i väggarna
det invecklade tecknet för hem.

Det var som en fragmentarisk text som du
måste lära dig utantill för att förstå,

som du måste känna intimt för att glömma att
du ingenting förstod,

att allt egentligen var djupt främmande.

—

Som fåglarna därute, som du sett så ofta och
aldrig rört vid,

bekanta gåtor.

Varje dag såg du samma fåglar, på samma fält,
stjälande frön för att leva.

Och det som kunnat växa sig större än dem

och kanske också gett dem lä, på det här fältet
med sin eviga vind,

kvävde de på så vis i sin linda.

De offrade otaliga framtider för att leva,

och kanske rodnade de under sina
fjäderdräkter.

Men de fortsatte att komma hit, för de måste
ju äta och leva.

Och för varje dag skämdes de allt mindre

när de med näbben mejslade frön ur marken
till tröst,

till tröst för att de inte kunde låta dem gro, för
att de måste äta och leva och finnas till,

istället för det som kunnat vara större än dem.

Så de åt, ivrigt och utan att lämna ett enda
korn,

men hoppades i hemlighet att de skulle förbise
ett,

inte märka hur det sköt rötter kraftiga nog att
stå emot deras näbbar,

ett träd

obekymrat om flaxandet kring sina yttersta
grenar,

där de kunnat bygga bo,

utan att behöva komma tillbaka varje dag som
fågel, till ett meningslöst stycke mark,

för att leva, leva vidare, med sin ensamhet
som enda rätt till platsen...

—

Du behövde luften du aldrig skulle andas, för
allt annat du saknade,

för att du aldrig var med i den stund
knopparna slog ut,

för att du aldrig förfogade över en hel dag, en
dag som ändå inte skulle ha räckt.

för att du var svag, men någonstans ändå
fortfarande stark.

Något mer än dig rymdes i dig, något
omsorgsfullt förlorat som allt flödade mot.

Men du saknade ett lösen

Det öppna såret ledde inte vidare in.

Du hade velat se allt som var på väg mot dig,
ett ögonblick vara samtidig med allt.

Du höll fast en insekt i ett ben och såg den
krylla ihop sig intill fingertoppen.

Det tog dig år att samla dig till de enklaste
saker.

Du inväntade sedimenteringens insikter.

Men plikten att sammanfatta blev allt tyngre,
och du sköt upp det med allt större
självklarhet.

På ett bortglömt, gulnat papper stod en lista
med personliga regler.

Du fann att du putsade en yta så att inget
skulle fastna.

Så här skulle man ha kunnat beskriva dig: du
var okänd.

Din favoritfärg var vitt, din favoritsiffra noll.
Du hade ingen favoritårstid.

Du bar inga smycken. Du hade inga
tatueringar.

Du klädde dig alltid likadant. Du kände dig
ofta tom.

Ofta tänkte du på ingenting. Du kunde leva på
nästan ingenting.

Det kunde gå dagar utan att du uttalade ett enda ord högt.

Det var det nakna livet. De vanliga tingen röjde sin skönhet.

Blåmärken dök upp från ingenstans.

Du läste jämt, sa ingenting. Läsning som tysthetslöfte...

Av allt att döma drömde du för lite medan du sov alldeles för mycket.

Och om det fanns skuggor i dina drömmar visste du att de inte var verkliga.

Men det var ingen lättnad. Tvärtom.

Detta var ingenting en beröring längre kunde lindra.

Du var för djupt in.

På kvällarna frammanade du en kal och tom stenplanet som du fyllde med vatten, mikroorganismer och lavar.

Men långt innan det fanns avancerat liv, långt innan du kom till dig själv, hade du för det mesta somnat.

Du orkade inte ha allt i huvudet.

Stenar slets, rörde sig i rak linje mot sin hädanfärd.

Men du, du hade börjat på så mycket som du aldrig skulle avsluta,

att du inte visste om natten tog vid efter dagen eller förra natten.

Det var förvirrande.

Och du kunde inte följa tråden med fingrarna ända till slutet

Allt du kunde göra var att lägga nystanet åt

sidan

som en sten

och veta att inget tog slut med det, men att allt

hade hänt som skulle hända.

—

Sträckorna mellan A och B gjorde ofta

anspråk på dig,

ville vara mer än de bortglömda vägarna

mellan platser.

De svällde i dig, som av regn,

och kom minnet av människor och möten att

vattnas ur,

som om det inte var långt innan du måste

hålla dig till bakgrunderna,

73

till utsikten från fönstret och korta

promenader runt byn,

nu när allt du fortfarande kunnat älska

fordrade mer än du hade kvar av liv.

—

Man visade dig bilder av dig, men det var inte

längre du.

Man talade med mjuka röster, så det var inte

de.

Och det som blivit kvar av dig sedan andras

händer slutat fösa på och peka ut,

det som ensamheten sållat ut,

skulle det ha varit allt, skulle det ha varit du?

—

Du var som en midja, en gördel.

På ömse sidor om dig låg ett nattsläp och ett dagssläp.

Du drogs som silke genom ett nålsöga, du var nålsögat.

En val samlade en kubikmil hav i en punkt, och det var du.

Berättelsen buktade insydd i en trång oktav som en kropp i en säck.

Du såg på din narvsida inifrån som ett otillgängligt himlavalv

och omfördelade dig till en enda punkt för att åtminstone som blick vara stark nog.

—

Dina ögon blev kalla.

Barn undvek dig. Vad du visste var säkert inte viktigt…

Frågorna du väckte var inte sådana som
krävde svar.

Du var borta som man är borta när ingen letar
på riktigt.

Framför spegeln mindes du dina ögon som
blå men inte kalla.

De var blå men inte kalla.

Och innan de blev tomma blev de först
mycket klara.

Men sen öknen ändå.

Din öken som alltid varit större än dina bestar
vilda...

—

Djupt in i ensamheten kände du lockelsen att
bli ett monster,

att släta ut alla anletsdrag och sluta lida.

För du är stark om du är ett monster och
kylan tål du bättre,

men avtal med mörkret stjäl från dig, hur tom
du än tror att du är,

det finns alltid något kvar att ta,

styrkan fick du betala med kalla rysningar där
dina vackraste minnen satt,

och om du inte längre kunde falla sönder
kunde du inte heller falla på knä,

eller fälla tårar över vackra ting,

din insida var hård som is och det var inte på
låtsas längre eller ett sätt att värna dig,

du var verkligen och oåterkalleligen en kall
måne,

ingenting räddes du, ingenting,

inte ens musik eller kvinnors blickar.

—

Det var som om någon fäst ett lås på dig och
gått sin väg.

Inför dess soliditet gav du upp tio gånger om
dagen,

för att man aldrig hann ta bort det, för att
något kom emellan.

Och medan du brydde din hjärna med dess
mekanism började du själv likna en gåta,

den där ensamma mannen man ibland ser i
byn,

gåtfull bara för att man aldrig annars tänker på
honom.

—

Alltid den här känslan av att vara vid liv i ett
oinvigt famlande, utan att komma
någonvart...

Det var så du fortfarande liknade andra,
genom det som du liksom dem fattades.

Det hade funnits människor nära dig som
visat dig dina små brister,

men detta stora misslyckande såg du i okändas
ögon först.

Du började lägga märke till dessa andra, höll
kvar blicken längre, men utan ge ett tecken på
igenkännande,

för när allt kom omkring fanns det ingenting
mellan er,

bara liknande ensamheters frändskap.

—

Man kan gråta för att det gör ont.

Men det gör inte ont att gråta, så gråt, för det
gör ju ont!

Det tyngsta är det vaga något som aldrig visar
sig,

men för vars skull du ofta var orakad och
oklädd.

Dina ögon lyste men du var inte vacker. Du
var inte vacker men dina ögon lyste

Det var till

men det rymdes inte

och dina ögon lyste

och du kunde inte gråta.

—

Ditt liv var som ett avsvett hårstrå över en
låga.

Du hann knappt ta eld innan du var borta.

Du kunde inte ens säga att du brunnit.

När du såg efter fanns det ingenting på smärtans plats.

Du tog en tomflaska och prövade att ha som vas åt några blommor...

Egentligen gjorde det inte ont längre,

Du hade inte gråtit på flera år.

Så långt borta hade du aldrig varit...

—

Vad som har hänt, har hänt, sade du dig.

Så var du inte heller bra på att berätta historier!

Inget ledde vidare till något annat, blicken landade på något och stannade där.

Jag kan inte se någonting, sa du, det finns ingenting där.

Men det som inte finns lever av kött.

Du var en mager man.

—

Vissa tankar tog tid och tålde bara vatten,
gjorde dig mätt på alltför lite.

Något försvann hela tiden, som man fyller ett
glas och låter det stå,

ser det dag för dag drickas av inget, och så
småningom är det tomt.

Något försvann hela tiden, och något letade
efter det försvunna,

och det var ett annat sätt att försvinna.

Rummet levde på en munfull vatten var tredje
dag.

Vad betydde det att försvinna?

Det gåtfulla består av ett intresse som räcker
till att formulera frågan och sedan tar slut.

Något i dig försvann, något annat sökte det
försvunna, ännu något kallade tillbaka det som
sökte.

Du kallade tillbaka det och väntade, ännu ett
sätt att försvinna.

Sedan slutade du att tänka på det, men även
det var att försvinna.

Till slut gav du upp allt hopp om något
varaktigt.

Varje spår av dig skulle försvinna.

Om du nekade dig trösten av varje slags
fortlevnad kunde du leva ohotad, sa du dig.

Om du räknade med att något alltid skulle
saknas för att du skulle vara helt lycklig, kunde
du redan kalla det lycka.

En hälsosam andning är omärklig

och på samma vis ansåg du att ett gott liv
borde förflyta omärkligt.

Du ville bli ihågkommen, för du ville inte dö,

men du ville samtidigt inte att det skulle synas
att du varit här,

för du ville att andra också skulle leva...

Ändå brydde du dig inte om dem, utom som
frånvaro,

något som bara var till för att göra dig ensam.

Människor betydde inget för dig, men de
plågade dig.

Du hade kunnat utplåna miljoner för att få
vara ifred!

För att du aldrig blev sedd trodde du dig
ständigt iakttagen av alla.

Tanken på hur andras blickar styrde dig höll
dig sällskap!

Du mindes en människa och kände dig som
hennes levande hand

sträckt in i framtiden, medan resten av henne
låg död i det förflutna.

Ett papper mot minnets yta tyngdes av allt det
sög upp.

Du drog det bakom dig som regnvåta släp, en
hund dragandes på en ödlesvans.

Det höll i dig och ryckte i dina kläder,
bestämde var du kunde gå.

Du bar det med dig och kom aldrig på tanken
att bara släppa det.

Kanske fanns det inte alls, kanske plågade det
dig inte längre.

Så fort frågan ställts var det sant.

—

Nej, när du såg efter fanns det ingenting på

smärtans plats,

bara en tomhet där ingenting passade in.

De små rörelserna du gjorde för att rymmas,

orden du uttalade istället för andra, dikterna

som aldrig blev färdiga,

människorna som förändrades snabbare än du

lät dem komma nära,

allt detta var ensamheten,

ditt blod droppe för droppe.

Och när det inte längre fanns något kvar

skulle du känna igen dig. Det trodde du.

Så du lät det droppa bort.

För hur kan man på allvar veta vad något är,

innan det är allt man har?

—

Du tänkte på kärleken som kan vara allt någon
har, även om ingen älskar dem.

Du tänkte på paret som släppte varandras
händer och rundade dig,

tecknade en ljus oval omkring dig.

Hur du blundade

för den glädje som finns bara i ljusa stunder i
mörkret,

bara i mörker som tillfälligt lättar

och som vittrar bort av älskandes leenden.

Ändå vände du dig mot dem, som om du velat
säga något.

Men vad hade du kunnat säga?

Och hur hade de kunnat förstå dig,

när kärleken har så lite gemensamt med
minnet av kärleken, att den ena kan förakta
det andra?

—

När du mindes ditt liv var det känslor du
mindes, inte andetagen eller smaken av vatten.

Och när du suckade över alla tomma dagar,
och ångrade, ångrade allt,

glömde du att livet mest består av sådana
saker,

och att du fortfarande hade alltsammans
kvar...

För varje kyss, hur många mot solen vända
ansikten?

För varje leende, hur många tusen moln, hur
många munnar vatten?

Men inget av det föll dig in i de stunderna.

Förstrött plockade du upp en penna och ett
saltkar från bordet,

fyllde händerna med något för att inte tänka
på din tomma famn.

—

Här var tanken på sorg men utan sorgen,

som att höra att någon dött som du en gång
stått nära,

och vad som då skulle varit en storm som
sänkt dig, nådde nu fram som svaga
krusningar,

glittrande av det förflutna och nästan vackra,

som om du redan sörjt under lång tid.

Likväl sjönk du. Och medan du sjönk tyckte
du att du svävade,

att du var lycklig för att du aldrig nådde
botten,

för att det än så länge inte fanns någon
förtvivlan att trampa från emot.

Och någonstans därnere var din pärla
försvunnen.

Men under tiden började du älska avtrycket i
det satinklädda etuiet,

som den svartaste askan efter den ljusaste
stunden...

När du glömde lyckan som du haft blev du
nästan lycklig igen.

Men när du en dag fick se den på nytt som
hänge i en mjuk örsnibb, gick det hårt åt dig,

som en skadeglad demonstration av den
groteska maxim som gäller i livet:

ju sällsyntare desto mer åtrådd, ju ensammare
desto ensammare...

—

Den som har hjärtat fullt och bara kan tala om
kärlek

får sällan tillfälle att tala om kärlek.

Du mindes hur ni omärkligt lutat er fram som
för att dra in varandras doft,

dina ögon halvslutna, hennes läppar särade.

En centimeter till hade räckt, skillnaden
mellan att veta och inte veta,

mellan att leva i varsin vinter och att nästan
älska.

Så långt vi är från varandra, ända tills vi är helt
nära!

Så svårt att hitta något enkelt att säga innan
ögonblicket är förbi!

Du hade gärna velat stanna och prata, kanske
om spåren i snön,

om hur snön föll i dem och mjukade upp
konturerna,

tills man inte längre såg om de ledde upp till
dörren eller därifrån.

Om hur du fyllde rummen med tunga möbler
och mattor för att dämpa ekot av tystnaden
och ensamheten.

Du kunde ha antytt något om istapparna vid
fönstret,

som medan vintern djupnade samlade sina
tårar till dolkar,

en annan metafor för din buttra saknad.

Men det var bistert kallt så du fattade dig kort
och stramade åt rocken.

Vinterhistorier blir ofta inte berättade...

—

Dina fingertoppar vilade mot småmynten i
fickan, som under en kallvattenkran.

Du blev stående med något i händerna,
stannade kvar i en tanke,

du satte på te, samlade på dig det närliggande
som ett tjockt lager,

och kunde inte för ditt liv komma på vilken
dag det var!

Kalla vinterdagar, när allt liv måste komma
inifrån,

när du inte kunde förväxla solens värme med
din egen,

när du själv var allt som var kvar av dig.

Du tryckte ut mönster i tapeten med
tumnageln,

fyllde i tomma rutor med tusch, trummade
med tummarna i bordet.

Det var så du var där.

Du tänkte på det grå dammet där människor bor, och det vita dammet på övergivna platser.

I varje stund var det sista chansen att säga något innan du för alltid måste hålla det för dig själv,

men det fanns ingenting att säga.

Det gick dagar utan att du yttrade ett enda ord högt.

Du hade glömt febrarna och de drypande dukarna.

Du hade glömt vad du lovat när smärtan var som värst.

Och du beklagade knappt ljusets avtagande.

Du brukade säga att innan solen får plantan att växa får mörkret fröet att gro, men du sa det utan övertygelse, och det fanns

stunder då du glömde vad ljus var,

då du undrade om de blinda var mer eller
mindre rädda för natten.

Det fanns stunder då du saknade att vara rädd
för mörkret.

Ofta släckte du ljuset för att underlätta för det
som ville komma nära,

för att mörker är tjänligast om man vill veta
vad som fattas en.

Girigt stämde du möte med den del av dig
som måste överleva allt annat,

för att lära på nytt det du visste alltför väl.

—

Du blundade,

oasen,

du kom för vattnet, för att dricka i den
bredbladiga skuggan,

rundade tankar.

Sedan öppnade du ögonen, återvände till den
stekande solen

och de labyrintiska sprickorna i den uttorkade
marken,

till det otänkbara,

det vakna,

för att det var där du var hemma, på en plats
där du inte kunde leva.

—

Något drog i dig som stygn i din hud.
Trådarna spände.

Det var ingen tanke, bara en känsla som, löst
från tanken, verkade komma från ingenstans.

Medan du väntade ut den tittade du på din hand, de små håren, porerna...

Du hade känt detta förut. Du gäspade.

Och då, under smärtan att inte vara allt – sprittningen av att vara till,

att andas med lungor och inte längre med hela himlen,

något levande som nästan leende nu kunde se sin smärta komma och gå.

Och du tänkte att ingen skulle få se dig fly mer.

Här var skuggan och du skulle inte fara någonstans den här gången.

Det fanns ingen annanstans.

Du skulle leva. Du skulle stå ut med tystnaderna.

Och du skulle stanna tills det var över.

—

Döden är sömnlöshet eller utplåning, inte sömn.

Din sorg var i kattstorlek och du sov.

Du var ensam och ville att det skulle eka.

Men du älskade också det torra ljudet av trä och sten.

Du blev äldre.

Och när du vaknade om morgnarna hade du inte längre en hel dag framför dig.

Din glädje fyllde inte många glas.

Ibland för ekots skull hängde du för speglarna, vek ned fotoramarna.

Du samlade dig genom att inte låta någon se dig i ögonen.

Du satt på din stol, utanför världen. Och

färdades. Det var utan tvekan en färd,

du märkte rörelsen.

Som i sömnen eller under jorden där upp och

ned bara är en känsla i kroppen,

kände du tiden gå, kände du dina två ändar

närma sig för att fogas.

—

Du var så långt du såg tills någon såg på dig

och ditt stora osynliga ingenting blev till ett

litet något,

ett blygt dis alldeles nära.

Du blev du och inget mer.

Det hade lika gärna kunnat vara natt.

Du hade lika gärna kunnat vara blind.

Som ett barn som inte ser sin mor och tror sig
inte kunna se alls.

—

Din mor hade en gång sett på dig med blickar
som om hon sörjde barnet och beskyllde dig
för dess försvinnande!

Som om hon bara kunde älska dig genom att
minnas dig så långt tilbaka att det inte längre
var du.

Ibland talade du med henne i telefon.
Efterhand hennes röst blev tydligare blev
hennes ansikte suddigare.

Hennes röst var ekot av ett ansikte du glömt

Hur är man ensam utan att göra sig till en
ensam människa?

Hur hittar man tillbaka till de andra om man
inte längre vill det med hela sitt hjärta?

—

Minnen av storstädningar,

en mors plötsliga uppstramning och rappa
order,

hennes stränga munterhet som inte tålde
invändningar,

överenskomna gränser och vanor som utan
vidare ignorerades,

den lätta kränkningen.

Och borstens fnysningar.

Den lille som fått för sig att tvätta vad som
bara var gammalt

och sedan undrat över förödelsen, medan han
under bannor fått förklarat för sig

vad slitage är, vad åldrande är,

och död.

—

Det finns saker man aldrig lider av, eller ens
vet om, men sen man sett det stående för sig
vägrar släppa in igen.

Som man gör sitt bästa att inte tänka på.

Och i dess ställe har man något annat, något
att hålla i och vårda bara genom omvägar,

som det man samlar mellan två punkter
genom att inte välja.

Du blundade och sträckte fram ansiktet:

gud.

Prövade tanken, lusten att tala högt, fyllde
lungorna till bristningsgränsen…

gud.

Det som mottar allt och gör allt till vind:

röken, doften, klagan.

Ett ingenting, glömt och sedan ihågkommit,

de otaliga minnena av något man aldrig sett
tydligt,

minnet av ens egen röst när man är tyst.

Plötsligt var ditt huvud som bedövat av slag.

Tiden tycktes gå långsammare, hjärtat slå
snabbare.

Och först när det var borta igen, detta som
aldrig kom nära, hörde du en bön

och slöt läpparna...

—

Nej.

Gud fanns inte.

Du lyfte blicken och lät tanken sjunka.

Långa simtag blev till droppar.

Himlen och himlen över den, man kan inte
bindas till sådana löften!

Här var du och behövde inte veta mer,

så långt in nu att allt du plockade upp,

var allt.

Och den enda begränsning du kunde medge
var att bli som en munk utan gud,

och därför yrka på en vid utsikt omkring din
cell...

—

Du betraktade träden utanför fönstret. Det är
lätt att vara ett träd, sa du dig.

Föreställ dig bara att detta ögonblick varar för
alltid,

att du aldrig riktigt vaknar, att resten av
världen bara är som du rör dig i sömnen.

Du tänkte dig att din enda rörelse var ditt
växande.

Och ju större krona du fick desto mer av
ödslighet, desto färre drömmar höll du fast
vid, tills allt var vind och dunklädda bon.

Och även om världen aldrig skulle rymmas i
dig kunde den passera igenom dig som genom
ett nålsöga.

Men ingenting behöll du, du lät det dra genom
dig som man låter en yrsel gå över, blundande
och väntande.

Men åh, att suga direkt ur jordens bröst, att ha
vinden som sitt enda intet.

Inget vore lättare än att vara ett träd.

Du behövde bara finnas för att älskas.

Det enda du saknade för att vara ett nyfött
barn var ett namn.

—

Hundra gånger om dagen tittade du ut genom köksfönstret, på träden

och ändå glömde du att vattna plantan som stod där, som om det inte fanns tid.

Den sjönk ihop och levde upp och sjönk ihop igen allteftersom du kom ihåg.

Det verkade inte lika angeläget som att lägga handloven på fönsterbrädets kalla marmor,

för att frysa en stund och bli varm igen,

att göra ingenting, att bara se.

Du var infattad i livet som fossilen i det där fönsterbrädet.

Men om du bara höll ut skulle något hända hoppades du,

skulle själva bordet där du satt bli en farkost.

Om du bara inte röjde din andning och höll
dig stilla skulle världen börja färdas över dig,

som en tunn sjal, en marknära vindkåre:

tiden,

det till en början osynliga men efterhand så
självklara ansiktet

i vilket du skulle vila, som mouche!

—

Solen hade passerat gaveln medan du suttit
vid köksbordet,

fönsterbrädet svalnade fortfarande,

och rummet liknade ett ansikte som sakta
nollställs när ingen tittar på det längre.

Här levde du.

Du kände igen det du kände igen i ett ansikte:
koordinaterna mellan anonyma delar.

För att glömma det, för att glömma det där
ansiktet,

tänkte du dig ibland ett marmorblock ur vilket
du bit för bit skulpterade fram det...

—

Ditt liv var resultatet av ett alltför varaktigt
sidospår.

Därifrån kunde du inte längre befrias, bara
födas.

Men du hade glömt hur man gör när man
föds.

Du stirrade på väggarna.

Överallt fanns gränser du inte måste korsa.

Skulle du bakom dessa väggar till slut drivas
mot nedkomst?

Du var inuti något utan att först ha svämmats över av det.

Borde man inte överväldigas först, tänkte du?

Måste man inte drunkna sig in i denna stillhet?

Hur hade det gått till? Du önskade att det redan kostat dig något.

Och hur lång tid skulle det ta att se allt som finns att se, att låta allt som sker hända?

Du hade bundit ett band i ett träd när det var litet och gick att klättra i.

När skulle det äntligen bli oåtkomligt, som en sannings sista inkarnation?

När kunde du tillåtas ge upp hoppet?

När var alla ensamhetens dolda pärlor förbrukade?

—

Alltid minaretens klagande, aldrig utkikens
rop.

Livet bjöd inte på några överraskningar. Inte
det minsta lilla myteri.

Block som lades till block bara. Det är lätt att
föreställa sig.

Det är alldeles för lätt att föreställa sig.

Förgäves väntade du på att dina två händer på
köksbordet skulle göra en tredje.

—

Livet lästes som fågelfabler ingraverade på
bronsplattor under vatten.

För varje mening måste du hämta ny luft,

sorgsen över att inte kunna läsa om himmel
och vindar utan att hålla andan.

Du ville vakna och ta ett djupt andetag,

men sömnen hade med tiden blivit ett skydd.

En öm men insisterande mule mot din hals
lurade inte.

Du visste att bestarna måste väcka sina offer
först...

—

Livet var inte mycket mer än känslan av luft
ibland mot din ryggfena.

Nästan aldrig trängde du ända upp till ljuset.

Så du föredrog rum med högt i tak.

I din begränsning kändes det bra att sträcka
dig, med långa inandningar, efter sånt du inte
nådde.

—

En gång såg du grannen öppna den lilla
luckan åt sin fågel,

som efter lite koketteri tog sig ut,

åt henne.

Men innan hon öppnade fågelburen stängde
hon förstås alla fönster...

På natten drömde du om en ljus och öppen
slätt.

Men först: vaktrundan för att låsa dörrar,
stänga fönster, släcka ljuset...

—

Dagarna gick.

Korthusen växte över köksbordet, du var
stadig på handen.

Rummen var lugna, korthusen höll, ordningar
uppstod som skingrades av andning.

Med mindre än två dörrar mellan dig och
världen blev vissa saker aldrig tänkta,

hann vissa spröda blommor inte växa ut.

Som dessa dikter du lekte fram i skydd av
rummen och sedan glömde.

—

Så småningom förskjöts din framtid till en
punkt bortom din död.

Skuggan kastades utanför världen.

Du började räkna det till en del av ditt liv...

Linjerna i ditt ansikte djupnade som floder
svämmar över.

Men det var inte döden,

inte än,

bara mindre land och mer vatten...

—

Ögonlocken blev tunga.

Tankarna fick vikt och du blev trött på att bära dem.

Med tidens gång ledsnade du på att tänka på tidens gång.

Det gav ingenting.

Som alla människor hade du bara fått en dag på dig att överbrygga evigheten innan du gick in i den,

och i skuggan av den orättvisan förblev den långa dikten oskriven.

Istället höll du dig till små betraktelser om vad du såg omkring dig.

Det var inte mycket, men så länge du kunde hitta på något litet av världen du levde i fanns det plats för dig i den.

—

Efter ditt fyrtionde år fanns det inga foton på dig.

Tårar föll oftare för gammal glädje än för nya sorger.

Dagarna blev inte förflutna, de samlade sig som en spänning över ögonlocken.

Och du förberedde dig för ett brutalt uppvaknande,

men inget hände, och du hann bli dödligt trött på musklernas eviga dragande, tryckande och lyftande.

Ibland arrangerade du saker innan du gick hemifrån,

så som du ville att man skulle finna det efter din död.

—

Du kunde gjort slut på alltsammans.

Det är det vanligaste som finns, att passera
mellan världar.

Men tanken fick dig att rygga. Du ville inte
dö.

Du ville försvinna i spegelsalen, inte bli till
aska när den brunnit ner.

Och även om du kunnat låta det ske skulle du
aldrig lyfta en hand.

Istället skulle du bli tvungen att tappa
riktningen. Att dansa

för att nå den där punkten där allt som
krävdes var ett ja.

Du skulle bli tvungen att hitta en omväg…

—

I många år hade du rört dig längs en avsats
som smalnat så gradvis att du inte märkt det.

Redan fanns inget utrymme att ta sats, bron
längre fram fanns inte, vända tillbaka gick inte.

Och du skulle aldrig få veta om ditt yttersta
hade räckt.

Det var heller ingen mening att våga ett
språng nu,

det enda som fanns var att låta sig falla.

Men först ville du veta exakt vad det var som
du skulle lämna för alltid.

Du föreställde dig kilometerhöga arkivskåp i
perfekt ordning,

som vid din sista utandning skulle falla
igenom jorden, som tåg går in i tunnlar och
uppslukas.

Den tystnaden.

Du tyckte om att föreställa dig vilka tystnader
du skulle lämna efter dig.

—

Du föreställde dig vad du skulle säga om
någon kom för att avlösa dig,

hur du satte honom in i ditt liv, sa åt honom
att ligga länge om morgnarna,

instruerade i bruket av det enda fatet och den
enda gaffeln,

lät honom öva på att häkta på dörrkedjan.

Du lärde honom det svåra i att fördriva tiden.

Du talade om böckerna, om läsandets tröst
och om fönstret.

Framför allt talade du om fönstret.

Men sedan gav du honom nyckeln och gick
din väg.

Du tog ingenting med dig.

Han skulle vara lik dig, förstås. Samma längd, vikt, hår och ögonfärg, samma intressen och bakgrund.

Du visste inte om han förstått allt. Men hur skulle han kunnat veta?

Det fick lov att gå en tid först, dagar och veckor av ensamhet och tystnad.

Fast det var inte längre ditt problem.

Du for iväg, obekymrad om att du kunnat bistå med så mycket mer,

att den nye kunnat slippa göra om allt vad du gjort,

att det här eviga kretsloppet kunnat få ett slut.

Men du stod inte ut.

Den här platsen hade sett ditt liv rinna förbi.

Och i slutet av en lång väntan ville du inte
offra en minut till.

Det är min tur nu, utbrast du, låt mig fara!

—

I ett anfall av vanvett närmade du dig
avsatsen, hasade dig utåt, ytterst långsamt.

För varje decimeter växte konsekvenserna.

Litade du på dig själv?

Kunde du stå där med tårna utanför kanten,
med avgrunden under dig, i full förtröstan på
din lust att leva?

Du gick ner på knä, la dig tätt intill kanten,

och utan att tänka på vad du gjorde, om du
ens skulle kunna ta dig upp igen,

lät du nederdelen av din kropp hänga utanför
avsatsen,

tills det enda som hindrade ditt fall var fingrarnas grepp om kanten.

Redan behövdes nästan ingenting för ett avgörande.

Nu hade du dessutom inbjudit möjligheten till något oavsiktligt, en olycka.

Du föreställde dig en blick bland molnen som slött började vändas åt ditt håll.

Släpp taget tänkte du snabbt. Du kan släppa taget, och slippa bli sedd.

Och plötsligt blev du oerhört rädd för dig själv.

Med en slags förtvivlad kraft hävde du dig upp på avsatsen igen.

Du började svettas.

Ögonblicket innan du var i full säkerhet reste sig håren i nacken,

som om något som jagat dig smällde igen
käftarna just under dina fotsulor.

Du låg där och andades tungt.

—

Livet skulle inte få tillbaka färgen om du
öppnade ådrorna och lät droppa alla vårar du
stulit.

Men kanske hade du varit lyckligare om du
kunnat minnas hur du tänkt när du varit sjuk,

när du suttit stilla som en ömtålig vas,

eller gått med högburet huvud genom
rummen,

så att smärtan inte skulle nå dig inuti denna
värdighet,

denna balans på en lina av andlöshet ovanför
smärtans klippor.

Somliga älskar ömtåliga ting, de kan leva med
frestelsen.

Du tyckte om tunga möbler och nakna rum,
målningar med bara tre färger och kvinnor
med slitstarka utseenden.

Och himlen, sedd härifrån.

—

Varför såg du dig omkring,

varför var du fortfarande så uppmärksam på
det som hände,

var det av rädsla eller av hopp

eller kanske för att du en gång rubbat något,

för att du sett något som du aldrig sett igen?

Du gjorde ingenting fel, du kallade allting vid
sitt rätta namn,

men ord kan vara ord eller djupt kända
sanningar

och ingen kan säga vilket det blir.

Ett ansikte börjar inte alltid glöda av att ha
blivit sett.

—

Du ville att dagarna skulle gå. Alla dagar, så
varför inte hela livet?

Varför stanna i din längtan bort?

Du sköljde dig i kallt vatten för att kunna
tänka,

klädde av dig naken i din dragning till det
osynliga,

innan din kropp blev något man bara ville
röra om man sett den åldras.

Små insekter, mindre än blodsdroppar, satte
sig på din hud.

Vad hade de istället för blod, undrade du? Hur
kunde de leva? Hur kunde de dö, utan blod?

Och vad gör man när man märker att det enda
vackra i livet, ens enda smycken,

är de få blodsdroppar man ibland råkar spilla?

—

Du ville vara utomhus, när du en gång
somnade in.

Du såg ut platser.

Du valde träd.

Varje gång du såg ett träd var det det rätta.

Där under skulle du sitta, sa du dig, med en
stor kudde bakom nacken och en filt över
knäna.

En flik blått, en lätt törst, din hand i din andra hand.

Andetagen som djupnade medan brisen förde med sig dina sista tankar.

Du skulle le.

Du skulle gråta.

Och eftersom det inte kunde skada längre, skulle du kanske se in i solen för första gången...

—

Universum har tid att vänta på att saker ska brinna ut.

För att trösta sig över sin beständighet låter sig till och med det eviga tappas bort ibland.

Du såg ingen skillnad på förra årets och detta årets blad. Det fick duga som evighet.

Du tänkte på nytvättade lakan som sjönk mot
gräset.

Döden.

Varför kunde inte allt som upphör vara som
när man stänger av båtmotorn och glider
vidare i tystnaden?

—

Du vädjade om att få dö i slutet av något
hellre än mitt i steget,

i en mindre cirkel inom cirkeln,

och inte bli upphunnen av slutet i en väntan
utan slut,

en väntan på att något skulle börja andas på
nytt,

som när man i slutet av en lång tanke börjar
förhålla sig till saker igen.

—

Du vädjade om att få lägga sista handen vid
din dikt,

hålla andan medan pennan hovrade ovanför
pappret

och den svaga handen stödde den stadiga,

se stiftet och dess skugga växa samman på en
punkt,

och sedan snabbt sätta fingret på punkten i ett
plötsligt avgörande,

som en svag skälvnings stensatta coda.

En annans frön har grott. Du tittar oberörd på de gröna skotten. När du lyfter ansiktet fångar du upp en vind som saktar ner och tar slut just här. Samtidigt tystnar en fågel och verkar vänta sig något. Platsen talar till dig som om den kände dig, men allt är främmande. Detta är någon annans ögonblick, någon som väntat och längtat här. Och efter en stund vänder du dig bort, besvärad av något som inte var avsett för dig, en vår som inte var din, någon annans alltför sena uppfyllelse.